Transformando o medo em emoções positivas

Editora Appris Ltda.
1.ª Edição - Copyright© 2021 da autora
Direitos de Edição Reservados à Editora Appris Ltda.

Nenhuma parte desta obra poderá ser utilizada indevidamente, sem estar de acordo com a Lei nº 9.610/98. Se incorreções forem encontradas, serão de exclusiva responsabilidade de seus organizadores. Foi realizado o Depósito Legal na Fundação Biblioteca Nacional, de acordo com as Leis nºs 10.994, de 14/12/2004, e 12.192, de 14/01/2010.

Catalogação na Fonte
Elaborado por: Josefina A. S. Guedes
Bibliotecária CRB 9/870

P896t 2021	Prado, Carla Bianca Barbosa
	  Transformando o medo em emoções positivas / Carla Bianca Barbosa Prado. - 1. ed. - Curitiba: Appris, 2021.
	  87 p.; 21 cm.
	
	  Inclui bibliografia.
	  ISBN 978-65-250-1351-0
	
	  1. Medo em crianças. 2. Psicologia positiva. 3. Emoções. I. Título.
	
	CDD – 152.46

Appris
editora

Editora e Livraria Appris Ltda.
Av. Manoel Ribas, 2265 – Mercês
Curitiba/PR – CEP: 80810-002
Tel. (41) 3156 - 4731
www.editoraappris.com.br

Printed in Brazil
Impresso no Brasil

Carla Bianca Barbosa Prado

Transformando o medo em emoções positivas

FICHA TÉCNICA

EDITORIAL	Augusto V. de A. Coelho
	Marli Caetano
	Sara C. de Andrade Coelho
COMITÊ EDITORIAL	Andréa Barbosa Gouveia (UFPR)
	Jacques de Lima Ferreira (UP)
	Marilda Aparecida Behrens (PUCPR)
	Ana El Achkar (UNIVERSO/RJ)
	Conrado Moreira Mendes (PUC-MG)
	Eliete Correia dos Santos (UEPB)
	Fabiano Santos (UERJ/IESP)
	Francinete Fernandes de Sousa (UEPB)
	Francisco Carlos Duarte (PUCPR)
	Francisco de Assis (Fiam-Faam, SP, Brasil)
	Juliana Reichert Assunção Tonelli (UEL)
	Maria Aparecida Barbosa (USP)
	Maria Helena Zamora (PUC-Rio)
	Maria Margarida de Andrade (Umack)
	Roque Ismael da Costa Güllich (UFFS)
	Toni Reis (UFPR)
	Valdomiro de Oliveira (UFPR)
	Valério Brusamolin (IFPR)
ASSESSORIA EDITORIAL	Lucas Casa
REVISÃO	Cristiana Leal Januário
PRODUÇÃO EDITORIAL	Bruna Holmen
DIAGRAMAÇÃO	Daniela Baumguertner
CAPA	Alanddney Veríssimo de Medeiros
ILUSTRADOR	Alanddney Veríssimo de Medeiros
COMUNICAÇÃO	Carlos Eduardo Pereira
	Débora Nazário
	Karla Pipolo Olegário
LIVRARIAS E EVENTOS	Estevão Misael
GERÊNCIA DE FINANÇAS	Selma Maria Fernandes do Valle
COORDENADORA COMERCIAL	Silvana Vicente

A Deus, o criador das maiores obras.

À Dona Maria das Dores de Lima, minha primeira professora (in memoriam).

Aos meus pais, Reinaldo e Isabel, grandes incentivadores da leitura.

Ao Sandro, meu companheiro apoiador e exemplo de determinação.

A Marília, Gabriela, Ian, Lui e Ravi, meus tesouros.

Agradecimentos

Ao professor orientador Dr. Wilmar Luiz Barth, pelo olhar sensível, entusiasmado e doce, que me encorajou a dar os primeiros passos para seguir com a publicação do livro.

Ao professor Gustavo Arns, minha gratidão pela humildade em aceitar prefaciar esta obra e por me inspirar a desenvolver minhas forças pessoais, encontrar meu propósito e saber reconhecer as bênçãos para seguir a vida com mais felicidade. O professor Gustavo acolheu e aceitou a linda missão de elevar o nível de felicidade do Brasil e é o idealizador do Congresso Internacional da Felicidade.

À Cristiane Medeiros, que aceitou prontamente a missão de captar a essência da minha imagem para que os leitores me conheçam.

À minha irmã, Jan Alyne Barbosa Prado, que, além de minha referência de vida, auxiliou na construção do livro apontando aspectos a melhorar, mostrando caminhos e clareando as ideias.

Ao meu irmão, Reinaldo de Lima Barbosa Junior, a criança mais arteira que já conheci e cuja infância serviu de inspiração para as histórias do personagem Titico. Sim, esse personagem foi inspirado nele.

Prefácio

Para Satish Kumar, a educação moderna promove, em primeiro lugar, a informação; de forma secundária, o conhecimento, e renega totalmente a experiência.

Nossa sociedade acredita que o aluno seja um vaso a ser preenchido pelo professor com informação, quando, na verdade, a palavra educação, que vem do latim educare, significa exprimir o que já está lá, desfraldar o que está dormente, tornar explícito o que é implícito.

Um aluno é como uma semente. A semente já contém a árvore. O trabalho do educador deveria ser o de preparar o terreno para que a árvore possa se desenvolver.

E a árvore desenvolvida produz flores, frutos, sombra e oxigênio. A árvore sustenta a vida e é para isso que dedica sua existência. Assim deveria ser a educação. Ela deveria servir à vida e à humanidade. Educação é um processo de autodescobrimento e autodesenvolvimento. A realização acontece quando colocamos esses talentos inatos, desenvolvidos por meio da educação, a serviço do outro e de todo o mundo.

Satish finaliza: "No conforto da sala de aula, podemos obter informação, no luxo das bibliotecas podemos obter conhecimento, mas experiência só pode ser obtida quando estamos lá fora, enfrentando as tempestades da vida, no rude terreno da natureza".

Eu sempre acreditei que nossa educação pode ir além da técnico-racional-cognitiva.

Que podemos dar espaço para que as crianças possam manifestar aquilo que elas vieram trazer ao mundo, aquilo que faz com que cada ser humano se torne único.

O estudo das Virtudes e Forças de caráter, dentro da Psicologia Positiva, é um resgate histórico, filosófico e espiritual em que o homem pode explorar as fronteiras de si e, assim, alargá-las, tornando-se cada vez maior.

Schuller diz-nos que é possível contar quantas sementes tem em uma maçã, mas é impossível saber quantas maçãs contém uma única semente.

As Virtudes são uma força da alma, são como as sementes que brotam, não uma árvore, mas toda uma floresta. Cada Virtude que afloramos é nosso pleno potencial infinito em manifestação.

Ao explorar a importante emoção do medo, Carla brinda-nos com um profundo conhecimento sobre a Virtude da CORAGEM, como também sobre múltiplas forças de caráter.

Coragem, aliás, que não faltou à autora ao publicar este belíssimo livro que serve de terreno fértil para pais cuidarem de suas pequenas sementes, que certamente germinarão, formando uma nova geração que, graças a este livro e ao desenvolvimento deste trabalho, pode se tornar mais consciente de si e, assim, construir um mundo mais virtuoso.

Gustavo Arns

Carta aos contadores desta história

Os momentos antes do sono podem ser os mais preciosos do dia. Ao invés de apenas um beijo de boa noite superficial, uma oração simples, ou um rápido ritual, o momento pode ser aproveitado para leitura, criando afeto e diversão, memórias afetivas, ampliando a visão de mundo dos pequenos e estimulando a criatividade e a empatia.

O livro *Transformando o medo em emoções positivas* traz como proposta o desenvolvimento de emoções positivas nas crianças, a partir da perspectiva do medo, em seus tipos mais frequentes, estimulando-as a descobrirem suas forças pessoais. As emoções positivas também se cultivam mediante o desenvolvimento das forças e virtudes.

Cada capítulo foca um medo específico e, a partir disso, é feito o direcionamento para o emprego do uso das forças de caráter e virtudes, inclusive com atividades de atenção plena e reflexões para reforçar a prática positiva. A importância de trabalhar as emoções, a partir da perspectiva do medo, ajuda a criança a desenvolver a força da CORAGEM apesar do medo, a se sentir segura, inclusive para explorar e dominar o ambiente.

Pretendemos, com isso, auxiliar os pais e responsáveis no desenvolvimento da autorregulação emocional em crianças a fim de que se tornem adultos capazes de controlar a expressão das emoções.

Na idade adulta, nossos desafios e responsabilidades aumentam, e é importante desenvolver as habilidades de controle emocional. A expectativa é que as crianças, na fase de adolescência e na fase adulta, tenham melhor saúde mental, comportamento, sociabilidade e melhor desempenho acadêmico e profissional.

Trabalhar as emoções, ainda na infância, ajuda na ampliação de recursos sociais e intelectuais e torna a criança mais segura, independente, pronta para enfrentar desafios e resistir melhor às pressões da vida adulta.

Na correria do dia a dia, muitas vezes os pais perdem a chance de cultivar um ambiente positivo em casa, de usar palavras gentis e brincar com os filhos. E a hora de dormir pode ser o único momento de relaxamento entre eles e uma excelente oportunidade de dar atenção à química do cérebro e fazer com que se sintam mais felizes e otimistas. Experimentar olhar para o medo ajudará a minimizá-lo, pois o pensamento humano tem enorme poder de criação. Quanto mais cedo a criança aprender isso, maior será o benefício colhido para a vida toda.

As histórias são direcionas aos medos infantis mais frequentes, levando os pequenos a se identificarem com os personagens e os ajudando pensar em novas formas de encarar o medo. É um processo educativo que necessita de paciência e dedicação para que se implementem novos hábitos nas crianças.

As histórias direcionam a detecção do pensamento ruim, ou seja, o medo, e a partir daí foca sua atenção em substituir o pensamento ruim por outros que tragam bons sentimentos. Alerta aos pais que, a cada superação, sejam elogiosos e comemorem o sucesso de seus filhos no intuito de estimular a autoconfiança.

Embora seja parte da condição humana, Ailton Krenak brilhantemente diz que "Ter medo é próprio de nós. O que a gente não precisa ficar é ansioso, a gente deveria ficar mesmo é só com medo. E receber o medo dizendo: isso é humanidade". Essa linguagem positiva pode ser levada para várias outras situações da vida, porque serão desenvolvidas habilidades de regulação emocional a partir das histórias contadas, dando às crianças a possibilidade de enxergar seus medos de outra forma.

Lembrando que o bom contador não apenas lê, como também interpreta; a entonação da voz, o gestual e o corporal fazem com que a história tenha mais vida e a narrativa se torne ainda mais interessante. Boa leitura!

Sumário

1. O medo do ladrão (forças: prudência, discernimento, perspectiva) 17

2. O medo do palhaço (forças: humor, entusiasmo, inteligência social) 27

3. O medo da morte (forças: espiritualidade, gratidão, amor) ...35

4. O medo de injeção (forças: bravura, autocontrole, trabalho em equipe) 43

5. O medo de animais (controle de emoções, *mindfulness*) 49

6. O medo de fantasmas e monstros (forças: perdão, humildade, integridade) 57

7. O medo do escuro (forças: criatividade, curiosidade, apreciação da beleza) 65

8. O medo de barulho: trovão ou fogos de artifício (forças: inteligência social, senso crítico, amor pelo aprendizado, *mindfulness*) 71

9. Medo do dentista (perspectiva) 77

Epílogo 83

1. O medo do ladrão (forças: prudência, discernimento, perspectiva)

Os maiores obstáculos à paz interior são as emoções perturbadoras como raiva, o apego, o medo e a desconfiança, enquanto o amor e a compaixão são as fontes de paz e felicidade.
(Dalai Lama)

Todas as noites na hora de dormir, a mãe de Gabriela, ao deitá-la, conta uma historinha. É sempre um momento especial, chamado de Hora do Soninho de Ouro: ela escova os dentes, toma um banho e coloca uma fragrância de lavanda. No meio da história, Gabriela sempre dorme. Não aguenta até o final.

Certo dia, Gabriela acordou pela manhã muito assustada, chamando pela mãe. Um grito alto e distante:

MANHÊÊÊÊÊ!!!

A mãe de Gabi correu para o quarto e a encontrou chorando.

— O que foi, filha?

— Tive um sonho ruim (snif!).

— Como foi esse sonho? Às vezes o sonho não significa nada, mas também pode conter alguma mensagem. Vamos ver qual o seu caso?

Quando ouviu aquilo, Gabriela parou de chorar e resolveu falar:

— Eu sonhei que a gente estava esperando o ônibus (snif!) e, quando ele chegava, você subia primeiro e (snif!) quando eu ia subir, o motorista... O MOTORISTA NÃO ESPERAVA E LEVAVA VOCÊ EMBOOORAAAAA!!! BUÁÁÁ!!!

E desatou a chorar novamente. A mãe foi imaginando as cenas, sentiu um aperto no peito. Teve vontade de chorar também, só de imaginar.

— Ô, meu amor... que sonho triste. O sonho é mesmo uma coisa misteriosa. As histórias na nossa cabeça nos trazem vários sentimentos e sensações. Muitas vezes parecem reais, e outras vezes parecem não fazer sentido algum. Toda noite, quando vamos dormir, sonhamos, mesmo que a gente não lembre no dia seguinte. Acho que esse sonho é só seu receio de ficar longe de mim. Mas a mamãe está aqui grudadinha em você – e deu um abraço apertado na filha.

— Eu sei. Toda vez que eu sonho algo ruim, acordo logo para passar o medo. Mas, mãe... e quando eu sinto medo acordada?

— É normal sentir medo, Gabi. Todo mundo sente. Na nossa cabeça, tem um monte de bichinhos chamados sentimentos, e todos eles têm sua importância. Aqui dentro — disse, apontando para a própria cabeça — em cada cantinho, tem o amor, a raiva, o nervoso, a coragem, o medo, a vergonha... está tudo aqui.

— Na minha também tem?

— Na cabeça de todo mundo! E o medo é importante, porque é ele que nos avisa quando nos sentimos em perigo. Ficamos alertas! Por exemplo: tem uma tomada ali na parede, o medo diz "opa... não posso colocar a mão porque tenho medo de levar choque". E assim o medo te protege do perigo, entendeu? Vou te contar uma história de um menino que se orgulhava de não ter medo de nada.

Era uma vez um menino chamado Titico, que sentia orgulho de dizer que não sentia medo de nada. Ele tinha apenas 5 anos, mas tantas vezes se colocou em apuros que, por sorte ou proteção divina, nunca aconteceu nada mais grave. Titico fazia as coisas sem pensar, colocando-se sempre em perigo. Nenhum adulto, além de seus pais, aceitava ficar com ele. Tinham medo que, num momento de distração, ele fizesse alguma coisa e se machucasse grave.

Ele tinha duas irmãs mais velhas. Nos finais de semana, elas iam para casa dos tios para brincar com os primos, ou para a casa dos avós, mas ele não. Ninguém aguentava tanta energia. Era o que a mãe dizia: "Titico tem muita energia. Isso é sinal de saúde!".

Num piscar de olhos, ele aprontava alguma coisa. Não fazia a lição de casa, não tomava banho, não fazia as refeições nos horários corretos e, muitas vezes, não ia à escola porque tinha preguiça, e sua mãe ficava com pena de acordar. Suas irmãs, ao contrário, eram bastantes organizadas e responsáveis.

Um dia a família de Titico saiu para um passeio de barco nos Cânions do Rio São Francisco. Um passeio muito agradável, que terminava com banho de rio e um almoço saboroso num restaurante com muito verde e diversos brinquedos. No meio do barco em que estavam, havia um buraco um pouco menor que uma piscina infantil, com uma proteção de tela, que parecia uma dessas rede de pegar peixe; era a diversão das crianças. Embaixo da tela já era a água do rio. As pessoas desciam uma escada para entrar no buraco cercado pela rede, que estava em contato direto com a água, e, com o barco em movimento, a correnteza bem forte fazia as pessoas embolarem pela rede de um lado a outro.

Era muito divertido. Os biquínis e as sungas eram puxados pela água e, não raro, aparecia o "cofrinho" de alguém. Cada um esperava sua vez, e assim a brincadeira seguia, até que o barco parasse numa espécie de piscina de rio, delimitada por boias em formato de

macarrão. No decorrer do passeio, enquanto as crianças faziam fila, esperando sua vez de rolar na rede, Titico pulou do barco no meio do Rio São Francisco, a água era barrenta e não dava boa visibilidade para quem fosse procurá-lo. Embora todos estivessem distraídos, um amigo de seu pai, chamado Tião, viu o pulo e, de roupa, carteira, óculos, telefone, pulou na água para salvar o menino.

Foi tudo muito rápido, e o barulho do mergulho chamou a atenção das pessoas. Tião emergiu com Titico nos braços, a salvo, e com todos os seus pertences, exceto os óculos. Não é preciso dizer que acabou a diversão de todo mundo, pois não havia mais clima. Quando perguntado sobre a razão de ter pulado no rio, ele disse: "Eu vi uma baleia e queria colocar no meu aquário". Seu pai, incrédulo, disse: "Não existe baleia no Rio São Francisco, Titico!". "Nem na nossa casa tem aquário" — disse sua irmã mais velha.

Teve outra vez que Titico fez uma viagem em família para São Paulo. Era a primeira vez que ele e as irmãs andavam de avião. Ele estava inquieto, achando tudo aquilo o máximo, enquanto suas irmãs estavam com um pouco de medo, mas também animadas. Mal sentaram na poltrona, Titico percebeu uma criança em uma poltrona do outro lado, na mesma fila, com medo de voar e chorosa. Não teve dúvidas e começou a cantarolar, olhando para o menino: "O avião vai cai-ir! O avião vai cai-ir!".

Lógico que o menino que estava com medo abriu o berreiro. Todos no voo olhavam de cara feia para Titico, que não se sentiu intimidado e passou a viagem inteira aprontando.

Nessa mesma viagem, ele foi, com sua mãe e suas irmãs, ao centro da cidade para fazer compras. Seu pai resolveu ficar no hotel. O centro de São Paulo é enorme e parece um formigueiro de gente. Por isso sua mãe pediu que ficassem atentos e não se largassem. Ela segurava firme na mão de Titico, e todos seguravam as mãos uns dos outros. Mais uma vez, num piscar de olhos, ele soltou a mão da mãe e sumiu. Quando deram falta, já não o viam mais.

Procuraram por todos os lugares da loja que estavam, inclusive nas lojas vizinhas. A mãe já não tinha mais cor no rosto; o gerente da loja providenciou uma cadeira para ela sentar e passou a abaná-la, com medo que ela desmaiasse ali.

Todos os clientes e funcionários da loja começaram a procurar Titico, quando de repente alguém passou perto e avisou: "Tem um menino na loja vizinha que se perdeu da mãe. Será que não é ele?".

Correram para a loja. Lá estava ele, tranquilo, como se nada tivesse acontecido, enquanto a mãe mal tinha forças para ficar de pé. Ela correu para dar um abraço nele, apertou, beijou e sentiu um alívio por nada de ruim ter acontecido. Murmurou uma breve oração e perguntou: "Meu filho, onde você estava? Por que você saiu de perto de mim?". "Eu vi a minha loja, mãe. Venha ver aqui na porta."

Seguiram até o lugar que ele indicou. Chegando à frente do estabelecimento, estava escrito Lojas Titico. "Viu? Lojas Titico! Essa é a minha loja!"

As irmãs resolveram ligar para o pai e contar o que houve. Mas, para a surpresa delas, ele já estava sabendo: "Quando ele não encontrou vocês, chamou um funcionário da loja e deu meu nome e o telefone do hotel, que eu não sei como ele sabia. O gerente das Lojas Titico me ligou e eu já estava indo buscá-lo. Liguei para sua mãe avisando, mas ela não atendeu".

Quanto mais ele aprontava, mais as pessoas o rotulavam como "O menino que não tem medo de nada". Ele achava que o fato de não ter medo de nada o fazia um herói.

Um dia, voltando da escola, viu uma movimentação de pessoas em casa. Perguntou ao pai quem eram aquelas pessoas: "Eles são técnicos e vieram instalar alarmes e câmeras, para ajudar na nossa proteção". "Para quê?" "Para a nossa segurança, principalmente na prevenção de crimes. A gravação de imagens inibe a ação de criminosos e permite a visualização do fato no momento em que acontece. Desse modo, a polícia pode ser acionada a tempo." "Você tem medo de ladrão, pai? Eu não tenho medo não. Se ele vier, dou um soco na cara dele!" "Filho, é normal e importante sentir medo, porque é justamente ele que nos avisa quando estamos em perigo. Não existe herói que não sinta medo. Todo herói *pensa antes de tomar uma decisão. Isso se chama prudência: ser cuidadoso com o que faz e o que pensa para não se arrepender depois. Quando você pulou no rio, nem sequer sabia nadar. Não foi um menino prudente e não pensou nas consequências. O Tião poderia não ter te achado no meio da água barrenta. O medo nos alerta quando algo ao redor não vai bem. Quem não sente medo se coloca em risco." "O ladrão vem na nossa casa?" "Ele não avisa para onde nem quando vai. Mas caso ele venha na nossa, estaremos prevenidos." "Pai, você pode me ajudar a ser mais prudente?" "Sim. Você pode sentir medo e, ainda assim, ser corajoso. Mas quando quiser fazer alguma coisa, antes precisa refletir se isso vai te ajudar, ou te prejudicar. Ser prudente é pensar antes de agir." "Desculpa, pai. Não vou mais fazer as coisas sem pensar. Quero poder dormir na casa do tio Luis e da tia Keka, brincar com meus primos e ser mais responsável".*

Então seu pai lhe propôs um desafio: planejar o dia. Desde a hora de acordar, até a hora de dormir. Assim, cumprindo seus horários, não correria o risco de ter que parar a brincadeira para almoçar, ou desligar o desenho na metade para dormir.

Para a surpresa de sua mãe, Gabriela ouvia a história atentamente e ainda estava acordada. Também queria aprender a planejar o dia. A mãe combinou que, todos os dias, escreveria no quadro as atividades e os horários para que Gabi não esquecesse nada e sobrasse mais tempo para brincar. Sua mãe disse que precisaria ter disciplina.

— O que é disciplina, mãe?

— É obedecer certinho a tudo o que for colocado no quadro: fazer a atividade na hora certa, sem inventar desculpas para não fazer. Você consegue?

— Consigo!

— Combinado! Boa noite, Gabi!

— Boa noite, mamãe!

AGENDA DE ATIVIDADES

Segunda	Terça	Quarta	Quinta

Sexta	Sábado	Domingo	Anotações

2. O medo do palhaço (forças: humor, entusiasmo, inteligência social)

Não tenha medo de seus medos. Não estão aí para assustar. Estão aí para fazer você saber que algo vale a pena.
(C. JoyBell C.)

A ideia de anotar as atividades do dia estava funcionando muito bem. Gabriela não esquecia nada, e sobrava bastante tempo para brincar. Algumas coisas não eram animadoras, como dia de tomar vacina. Mas dia de festa, ou de visitar os avós, era um dia muito aguardado.

— Muãe! Muãe! Muãe! Muãe! Muãe! Muãe! — fazia voz de robô quando chamava a mãe. — Hoje é o aniversário do Maurício! Está anotado que, depois do almoço, nós vamos comprar o presente dele!

Maurício e Gabriela eram amigos da escola. Estudavam na mesma sala. Ele era um menino engraçadíssimo. Muito querido por todos. Gostava de contar piadas e inventar passos de dança imitando animais. Gabi não perderia essa festa por nada.

— Muãe! Muãe! Muãe! Muãe! Muãe! Muãe! A festa do Maurício vai ter palhaço?

— Acho que sim. Por quê?

— Eu tenho medo...

— O que exatamente faz você ter medo do palhaço, Gabi? É uma pessoa que quer fazer as outras rirem, não o contrário. Qual é o perigo que o palhaço representa?

Ela pensou, pensou... não sabia o porquê. Seria a maquiagem? Ou a roupa? Ou a feiura? Palhaço bonito não é. Perigo mesmo não tinha nenhum: não morde, não dá choque, nem leva crianças para o Homem do saco.

Chegou a hora da festa, e adivinha quem estava na porta recebendo os convidados? O palhaço! Gabriela respirou fundo e desceu do carro, um pouco tensa. Olhou o palhaço e o achou familiar. Ela o conhecia de algum lugar. Bingo! Era o Seu Gilmar que vende churros na porta da escola. À noite, ele trabalhava como palhaço. Ela não reconheceu logo porque, durante o dia, ele usava camisa do seu time preferido e uma bermuda. Seu Gilmar era amigo da garotada, e todos gostavam muito dele. Ele era muito divertido, e as crianças achavam seus churros muito especiais. Quando perguntavam qual era a receita, ele sempre dizia: "A massa leva ovo de canguru, açúcar de sapo e farinha de unha de morcego. O recheio é doce de cuspe de dragão".

As crianças riam e respondiam: "Canguru não bota ovo, Seu Gilmar!!!".

Já quando trabalhava como o Palhaço Catiripapo, Seu Gilmar não conseguia fazer nenhuma criança rir. Pelo contrário: era um chororô de menino tão grande que ele começava a suar de nervoso. Mas ele precisava comprar comida para os quatro filhos pequenos, e só o dinheiro do churros não era suficiente, por isso precisava do trabalho como palhaço. Ele sabia que as crianças se assustavam com a pintura no rosto e a roupa exageradamente colorida e grandona, mas como ia ser palhaço vestido com camisa de time e bermuda? Palhaço sem maquiagem e roupa é tudo menos palhaço.

Seu Gilmar já estava pensando desistir da profissão de palhaço e virar Papai Noel quando foi convidado para trabalhar na festa do Maurício. Seria sua última festa infantil. Não ia mais passar pelo constrangimento de tentar fazer palhaçada, e a criançada, ao invés de cair na gargalhada, ficar aos berros.

Maurício era um garoto que gostava de contar sempre a mesma piada, a piada do Falafino. Todo mundo que chegava perto dele ouvia: "Você conhece a piada do Falafino?".

O tema da festa era circo. Na porta do salão de festas, tinha trapezista, bailarina e malabarista. Carrinho de pipoca e crepe. O aniversariante estava bastante animado. E o palhaço, que era seu Gilmar, já estava triste e desanimado, imaginando o sufoco para fazer as crianças perderem o medo. Quando Maurício avistou o palhaço, abriu um sorriso bem grande e estava ansioso para contar a piada do Falafino.

— Olá, Palhaço Catiripapo! Eu sou o Maurício. A festa é minha! Estava aguardando você chegar pra gente brincar de quem é o mais engraçado. Eu começo! Você sabe a piada do Falafino?

Seu Gilmar estava de olho arregalado, sem entender nadinha. O aniversariante não estava chorando? Ele foi responder e acabou se engasgando de tão nervoso.

— Errr... feliz aniversário, Falafino! Você vai me contar uma piada de Catiripapo?

Maurício caiu na gargalhada.

— Ahahahahahaha! Você trocou tudo! A PIADA é do Falafino. VOCÊ é o Palhaço Catiripapo. Esqueceu?

O Palhaço Catiripapo não acreditava no que via: uma criança que não tinha medo dele e ainda ria dele! Sentiu um alívio grande que não sabia se ria de alegria, ou chorava de emoção. Deu um abraço tão apertado no Maurício que amassou a fantasia de apresentador de circo do coitado. E, com lágrimas nos olhos de emoção, ele perguntou:

— E então? Não vai me contar a piada do Falafino?

Maurício contava a piada impostando a voz para imitar os personagens, e Seu Gilmar, o Palhaço Catiripapo, ria e chorava de felicidade. Maurício nasceu com o dom do bom humor. Era engraçado e fazia as pessoas rirem. Quando todos entraram na festa, o Palhaço Catiripapo teve a ideia de chamar o aniversariante para fazer um concurso de piadas. Assim, um a um, os amiguinhos foram chegando, alguns receosos, outros sem medo, mas cada um contando uma piada mais engraçada que a outra.

Gabriela criou coragem e participou do concurso de piadas e do de dança. Essa festa foi inesquecível! Antes de ir embora, o Palhaço Catiripapo lançou um desafio: todos os dias, as crianças e os pais teriam que lembrar três coisas engraças acontecidas no decorrer do dia e contar na Hora do Soninho de Ouro.

*Piada do Falafino

Era uma vez um menino chamado Falafino. Ele e sua família falavam fino. Quando ele passava, os amigos zombavam dele:

— E aí, Falafino?

— Sou não. Eu falo grosso — dizia com a voz beeeem fininha.

Cansado de ser chamado assim, um dia ele reclamou para a mãe que os colegas da escola estavam caçoando dele, e a mãe resolveu levá-lo ao médico para resolver o problema da voz. O médico receitou um remédio e, no dia seguinte, quando Falafino chegou à escola, alguém, mais uma vez, fez chacota:

— E aí, Falafino?

Dessa vez ele respondeu com voz de trovão:

— É FALAGROSSO!

Falafino passou uma semana falando grosso, mas um dia procurou o remédio e não encontrou. Ao chegar à escola, mais uma vez, alguém o provocou:

— E aí, Falagrosso!

A voz saiu como um miado de gato:

— Oi!

Após a aula, ele chegou correndo em casa e perguntou à mãe, com a voz bem fininha:

— Mãe, cadê meu remédio de falar grosso?

Ela responde com voz grossa:

— **NÃO SEI!**

Diário de coisas engraçadas

Esse é o seu diário de coisas engraçadas. Tente se lembrar de pelo menos três coisas engraçadas que aconteceram com você a cada dia.

DOM	SEG	TER	QUA	QUI	SEX	SÁB
						1
2	3	4	5	6	7	8
9	10	11	12	13	14	15
16	17	18	19	20	21	22
23	24	25	26	27	28	29
30	31					

3. O medo da morte (forças: espiritualidade, gratidão, amor)

A vida me ensinou a dizer adeus às pessoas que amo,
sem tirá-las do meu coração.
(Charlie Chaplin)

Chegou o dia de visitar a avó materna, Vó Leninha. Gabi e a irmã mais velha, Mamá, adoram ir pra lá, porque têm vários amigos, e a avó prepara muitas gostosuras. Vó Leninha conversa com suas plantas. Ela conhece várias espécies e, sempre que visita alguém que tenha plantas em casa, pede logo uma mudinha. São como bichos de estimação: ela as alimenta com adubo e não deixa sentirem sede. E conversam muito: "Bom dia, hortelã-da-folha-miúda! Que perfume gostoso você está exalando hoje! E o senhor, manjericão? Cresceu tanto que vou ter que trocar de lugar e colocar num vaso maior. Os tomates daqui a 15 dias estarão maduros. Vocês estão sabendo que a filha da Dona Laura está grávida?".

Quem olha de longe aquela conversa com planta acha Vó Leninha, no mínimo, esquisita. Ela mora sozinha, mas não é que fala com plantas por falta de companhia. As crianças do condomínio só vivem na casa dela, ajudando a plantar e colher frutas. Ravi, o filho do vizinho da frente, diariamente dá uma

passadinha na casa da Vó Bebel para verificar a colheita do dia. De pimenta a manga, ele já levou muitas bacias de frutas, verduras e chás para casa. Definitivamente, o jardim dela é o mais bonito de todos. Tem flores, frutas, ervas e verduras. Até música ela coloca para suas plantas ouvirem. Qualquer vizinho que precise tomar um chá já sabe que vai encontrar a erva na casa dela. Ian, amigo de Ravi, vai à casa de Vó Leninha para cantar no *karaokê* dela e, de quebra, sai com flores para a mãe, ou boldo para fazer um chá, quando a barriga dói de tanta porcaria que ele come.

As netas sempre são recebidas com muita festa, beijos e abraços, mas nesse dia perceberam que a avó estava desanimada. Seus olhos estavam vermelhos como se tivesse chorado. Pela primeira vez, ela não as levou para mostrar sua horta. Então Mamá perguntou:

— Vó, vamos ver o maracujá? Podemos colher morangos para comer com chocolate?

Os olhos dela encheram de lágrimas, e ela então contou:

— Ah, querida... o pé de morango morreu. Eu o plantei, dei comida, água, ele cresceu, deu lindos e saborosos frutos. Já estava velhinho. Agora que cumpriu sua missão, vou reutilizar a areia para uma nova sementinha e usar suas folhas como adubo.

— Humm... É por isso que você está triste? — perguntou Mamá.

— Estou na verdade agradecida por ter tido um pé de morango tão lindo, os melhores frutos que se poderia ter — falou com muita sinceridade.

Mamá se solidarizou com a avó, baixou a cabeça e disse:

— Eu não gosto da morte, vovó. Não quero que ninguém morra. Não gosto de te ver chorando.

— Meu amor, isso é parte natural do ciclo da vida. Acontece com qualquer coisa viva. Vai acontecer com todo mundo, porque ninguém vai virar múmia. E o choro é uma emoção positiva, porque nos alivia e ajuda a relaxar depois. É o tipo de coisa que não devemos guardar. Tem que chorar quando sente vontade. Não pode "engolir" choro não.

Vó Leninha achou engraçado o próprio comentário e continuou:

—A morte é só uma despedida. Eu já estava preparada para que isso acontecesse. Não estou triste, só com saudade. Quando qualquer coisa nasce, seja pessoa, planta ou animal, é acolhida, amada, cumpre sua função e depois se despede. Você também vai se despedir dos seus pais, ou porque vai casar, ou porque vai estudar fora. Quando você saiu da escola e foi para a faculdade, teve que se despedir dos professores e de alguns amigos. Quem participa de despedidas, para não sofrer muito, precisa dar liberdade para a pessoa partir e se alegrar com o seu futuro.

Mamá entendeu tudo direitinho e se conformou. Gabriela entendeu também, mas lembrou que não gostava muito de despedidas:

— Quando a pessoa morre vira estrelinha?

— Não. Estrela é outra coisa — disse Vó Leninha.

— E depois que morre vai pra onde então? — Gabriela fez cara de espanto, porque jurava que estrelas eram pessoas que tinham morrido e ido para o céu.

— Ah, Gabi... assim como os sonhos, para onde as pessoas vão depois que morrem também é um mistério. As explicações são diferentes, dependendo da crença de cada pessoa. Mas, quando eu penso nisso, sinto vontade de aproveitar ainda mais a vida. Vamos escolher um lugar para colocar as pessoas quando morrem, então? — A avó respondeu.

— Siiiimmmmm! Eu escolho no coração! — disse Gabi com certo entusiasmo.

— Perfeito! Guardar onde tem amor é o melhor lugar! — A avó respondeu com um sorriso.

— E como você disse, vamos agradecer pelos morangos tão saborosos e plantar novos usando o que podemos aproveitar do antigo pé. Vamos, eu te ajudo! — Mamá disse, já levantando, pegando a pá e os demais instrumentos e seguindo para o quintal.

Plantação do amor

Escolha sementinhas de algum fruto, ou outra coisa de sua preferência, para ser plantada sempre que você se despedir de alguém por um longo tempo. Lembre-se de regar e cuidar da sua plantinha com o mesmo amor que você sente pela pessoa.

Carta da gratidão

Se você não teve tempo de se despedir, escreva aqui sua carta agradecendo à pessoa, dizendo o quanto você é feliz por tê-la tido em sua vida e explicando por que ela é importante para você.

4. O medo de injeção (forças: bravura, autocontrole, trabalho em equipe)

A coragem é a primeira das qualidades humanas porque garante todas as outras.
Aristóteles

Veja que brincadeira sem graça: um empurra-empurra na piscina, Mamá escorregou e caiu na água. Mas lógico que sabia nadar, aprendeu quando tinha 4 anos. Seu pai achava bobagem gastar dinheiro com aula de natação para uma criança tão pequena.

— Não adianta, ela não vai aprender. É muito pequena.

Mas a mãe da Mamá já tinha tomado dois sustos com história de piscina e não queria que acontecesse pela terceira vez. Sem dizer nada a ninguém, matriculou a filha na natação. No começo, Mamá tinha medo de entrar na água, mas era bem morninha, e sua mãe estava por perto. Então sabia que, com a mãe por perto, estaria segura. Apesar do medo no primeiro dia, ela fez as aulas direitinho. Ia cada vez mais animada. Em um mês, já conseguia nadar de uma ponta à outra da piscina!

No dia em que ela escorregou, estava confraternizando com os amigos pelo término do semestre da faculdade. Quando alguém a empurrou, ela caiu e machucou o osso do quadril. Gabriela presenciava tudo, e correu para chamar a mãe. Quando a mãe chegou, Mamá avisou:

— Mãe, rasgou a minha pele! — Disse, pálida, apontando para o machucado.

— Vamos ter que costurar no hospital. Não se preocupe que vai ficar tudo bem.

E a mãe lhe deu um beijo e um abraço apertado para ajudar a passar a dor.

Gabriela não disse nada à mãe, mas, quando ouviu a palavra "costurar", arregalou os olhos e sentiu o coração acelerar. Ela Pensou: "para costurar precisa de agulha". E morria de medo de agulha. Estava desesperada pela irmã.

No hospital, confirmou suas suspeitas: tinha injeção! Deu vontade de chorar, de sair correndo, de gritar, mas do que ia adiantar? TINHA que costurar!

O médico entrou na sala sorridente e foi logo falando:

— O que aconteceu com essa moça? Hum... um corte pequeno, mas profundo. Vamos dar quatro pontinhos. Vou preparar o material para a sutura.

Gabi, que estava na sala e não largava a irmã de jeito nenhum, perguntou:

— O que é sutura, mãe?

— É a costura na pele.

Mamá, ao ver o nervosismo da irmã, esqueceu a dor. Quando o médico entrou na sala com vários instrumentos, entre eles uma seringa, Gabi perguntou toda chorosa:

— Vai doer?

— Bom, — ele se voltou para Mamá — você já foi picada por uma formiga?

— Já.

— A sensação é igual. Só que, na picada da formiga, começa a coçar e doer. A da agulha é bem rápida, não coça nem dói.

Mamá, mesmo com 18 anos, ainda tinha frio na barriga para injeção. Mas já estava acostumada. Gabi foi ficando mais calma ao perceber a tranquilidade da irmã.

— Você está com medo, Mamá?

— Um pouco, mas eu sei que nem dói tanto assim e é muito rápido. Você sabe, porque já tomou vacina. É a mesma coisa.

Mamá abraçou a mãe e virou o rosto para o outro lado. Sentiu uma picadinha, realmente foi muito rápido. O médico aplicou a anestesia perto do machucado e esperou uns minutos para fazer efeito. Depois começou a suturar. Mamá já estava até olhando o médico costurar sua pele. Estava um pouco tensa, mas não sentia mais tanto medo. Também não sentiu dor nenhuma. Quando o médico terminou, disse:

— Parabéns, Mamá! Você foi uma menina muito corajosa. Está tudo bem? Vamos nos reencontrar novamente daqui a cinco dias para tirar os pontos, certo?

— Sim, Obrigada! Estou bem. — e, voltando-se para Gabi, perguntou, dando uma piscadinha pra mãe:

— Gabi, você vai vir comigo da próxima vez? Com você aqui do meu lado, não perdi o medo, mas enfrentei com medo mesmo.

Entusiasmada, Gabi abriu um sorriso:

— Venho sim, Mamá! Eu fiquei um pouco nervosa, mas você foi corajosa. E eu não vou mais chorar com medo quando for tomar vacina.

— Isso, Gabiiiiiii!!!! Quando você sentir medo de alguma coisa, dê um pequeno passo para enfrentar seu medo com valentia!

Caderno da coragem

Escreva aqui três coisas de que você tem medo. Para cada uma delas, escreva três passos para enfrentá-la com bravura.

1 - Medo

Passo 1

Passo 2

Passo 3

2 - Medo

Passo 1

Passo 2

Passo 3

3 - Medo

Passo 1

Passo 2

Passo 3

5. O medo de animais (controle de emoções, mindfulness)

Podemos julgar o coração de um homem pela forma como ele trata os animais.

Immanuel Kant

Apareceu uma lagartixa no pátio da escola bem na hora do recreio. Era tão grande que parecia uma miniatura de jacaré. Algumas crianças correram com medo. Isac se aproximou devagar, tentou pegar com a mão, mas a lagartixa foi mais rápida e correu. Ele gostava de insetos e animais em geral. Tinha um hamster branco e caramelo bem gorducho chamado Chiclete, porque passava o dia todo mastigando.

Isac teve a ideia de levar Chiclete para a escola, para mostrar aos amigos. Ele adora animais e quando crescer, quer ser veterinário. No dia seguinte, a professora notou uma movimentação estranha, mas só veio saber do que se tratava na hora do recreio. Quando Isac tirou seu hamster da mochila, e as meninas avistaram o bicho, foi uma gritaria, um corre-corre, chamando a atenção da diretora e dos professores nas salas próximas. Isac não entendeu nada, pensou até que fosse outra coisa. Só conseguiu ver desespero de Sarai. Ela estava tão nervosa que não conseguia entrar mais na sala nem parar de chorar.

Aparentemente Chiclete era inofensivo. Até bem fofinho, não fazia mal a ninguém. Mas como explicar isso para quem tem medo? Para tentar colocar ordem na sala, a diretora pediu que todos sentassem em suas bancas e que o dono do animal se apresentasse:

— Quem trouxe o hamster para a escola? Por favor, apresente-se!

Todos falavam na mesma hora:

— Foi o Isac! Foi o Isac!

— Fui eu, diretora! — confessou

— A entrada de animais na escola não está autorizada. Você sabia disso?

— É que ontem encontramos uma lagartixa no pátio, e eu pensei em trazer o Chiclete para mostrar aos meus amigos. Não queria assustar ninguém. Até porque ele não é perigoso. É só um hamster!

— Seus pais sabem que você o trouxe?

—Não... mas eu trouxe água e comida — disse, abrindo a bolsa e mostrando que o animal não estava desamparado nas suas necessidades de fome e sede.

— Isac, não passou pela sua cabeça que alguns amigos têm medo de animal, como é o caso da Sarai, e que, mesmo sendo inofensivo, você deixou os colegas nervosos?

— Quanta frescura! — falou inconformado.

— Você não pode invalidar o sentimento dos seus amigos dizendo que é frescura. O que você pode fazer é dizer que sente muito e que não foi sua intenção assustar ninguém. Não ajuda nada se aborrecer.

Recolhido o animal até a hora da saída, quando seria entregue ao responsável por Isac, a professora pediu que todos sentassem. Ficou muito claro que ele não pretendia causar tanta confusão e tinha muito amor por seu bichinho.

Então a professora explicou:

— Pessoal, eu compreendo que alguns de vocês possam ter medo de bichos. Quando eu era pequena, minha avó tinha cachorro, e eu não pisava no chão quando ia à casa dela. Pulava do sofá para a cadeira e ficava pulando igual macaco até a hora de ir embora. E, para completar, o cachorro dela era aquela raça pequenininha que late mais do que tudo. Então eu tinha muito medo, e não adiantava dizer que não mordia. Eu simplesmente não confiava.

A Gabriela, que era uma das que estava fazendo carinho no Chiclete quando começou a gritaria, disse:

— Tia, eu tenho uma gata, a Atena. Ela às vezes é descontrolada e fica pinoteando pela casa. Meus primos morrem de medo. Quando ela está calma, peço que eles se aproximem de maneira tranquila para ela farejar. Só depois que pode fazer carinho. Ela gosta de lamber e pular, mas é para brincar, e não há com o que se preocupar.

— Gabriela, sua gata é a Pequena It, A Coisa! AHAH-AHAHAHAHAHA! Gente, essa gata é muito doidinha. Pula muito rápido. Uma mistura de coelho com gafanhoto! — Disse Isac, e a sala inteira, que já tinha visto vários vídeos de Atena, começou a rir.

Então, para acalmar os ânimos, a professora pediu que todos sentassem com os pés fixos no chão, olhos fechados e tapassem as orelhas com as mãos até que não escutassem. Depois, que inspirassem o ar como se cheirassem um perfume e soltassem fazendo o zumbido de uma abelha: ZUUUMMMMMM! Passados os cinco minutos, os alunos abriram os olhos devagar e já estavam todos mais calmos, e Sarai já não chorava. Então a professora explicou:

— Dentro da nossa cabeça, tem vários bichinhos chamados sentimentos e sensações: a alegria, a tristeza, a preocupação, o cansaço, o sono, o medo. Por isso, às vezes, ficamos bravos, choramos ou rimos até doer a barriga. Quando o bichinho do

medo cresce, ele nos descontrola, mas podemos impedi-lo. Viu como estamos mais calmos? Esse exercício serve para acalmar os pensamentos. Vamos prestando atenção na respiração e, assim, diminuindo o medo, até que ele fique bem pequenininho.

Ao chegar em casa, Sarai não contou à mãe o que aconteceu, mas a professora já havia telefonado para explicar o ocorrido, e sua mãe percebeu que deveria cuidar melhor do controle das emoções da sua filha para melhorar a maneira como ela se relacionava com os animais. Na hora de dormir, a mãe de Sarai seguiu as orientações usadas pela professora para acalmar os alunos. Pediu que Sarai, deitada, colocasse seu bichinho de pelúcia em cima da barriga e respirasse normalmente. De olhos fechados, prestando atenção na respiração e no movimento da barriga e da pelúcia subindo e descendo, pediu para que a filha, em silêncio, prestasse atenção nos sons que estivessem ouvindo por cinco minutos. Ouviam-se passos no corredor e espirros; freio de ônibus na rua; cachorro latindo e porta batendo.

Ao perceber que Sarai estava pronta para falar do problema na escola, sua mãe perguntou:

— Qual era a sua preocupação em relação ao hamster do Isac? O que de pior poderia acontecer a você?

— Eu não sei, mamãe. Eu achei que ele pudesse me morder.

— Você percebe que se apavorou com algo que você criou na sua cabeça? Realmente existem animais dóceis e alguns mais bravos. A melhor solução é perguntar ao dono se pode fazer carinho. Se o dono permitir, não vai ter perigo. Depois se aproximar aos poucos para ir ganhando confiança e perder o medo. Quem sabe depois você queira ter seu próprio bichinho de estimação!

Aprendendo a linguagem animal

Cada animal tem sua linguagem própria. Por exemplo, a abelha zumbe, e o som é zzzzzzzzz. Reproduza o som dos animais listados a seguir.

ANIMAL	VOZ	ONOMATOPEIA
ABELHA	*ZUMBIR*	ZZZZZZZ
MACACO	*GUINCHAR*	UU AA UU AA
BALEIA	*BUFAR*	PFUUU
BODE	*BALIR*	BÉÉÉÉ
BOI	*MUGIR*	MUUUU
BURRO	*ZURRAR*	IHÓÓ-INHÓÓ
CAMELO	*BLATERAR*	BRÃÃÃ
CÃO	*LATIR*	AU AU
CAVALO	*RELINCHAR*	HINN IN IN
OVELHA	*BALIR*	
CORUJA	*CHIRRIAR*	UUH UHH
CORVO	*CROCITAR*	CRÁS
PATO	*GRASNAR*	CUEN CUEN
ELEFANTE	*BARRIR*	BRUUUUMMM
GALINHA	*CACAREJAR*	COCÓ
SAPO	*COAXAR*	CROAC
PORCO	*GRUNHIR*	OINC OINC
GATO	*MIAR*	MIAU
GRILO	*CRICRILAR*	CRICRI
LEÃO	*RUGIR*	ROOOAAARRR

6. O medo de fantasmas e monstros (forças: perdão, humildade, integridade)

O paradoxo curioso é que, quando eu me aceito como
sou, então eu mudo.
(Carl Rogers)

Já era noite quando Gabriela foi consultar seu quadro de atividades. Já havia feito a lição de casa e, após o jantar, poderia brincar. Ela estava ansiosa para mostrar seu novo *kit* de pintura para as amigas e mal conseguia comer. Era uma garfada e um "terminei", mas o prato ainda estava cheio de comida. A mãe de Gabriela, sabendo que ia perder para a pressa, disse:

— Se não comer a comida toda, a bruxa do doce vem te pegar! Ela gosta de criança que não come.

Mamá olhou séria para a mãe e não achou nada engraçado, pois, quando era criança, a mãe fazia a mesma coisa.

— Mãe, por favor! Que sem graça! — E virou para a irmã: — Gabi, não existe nada de bruxa, nem de monstro, nem de fantasma, nem nada disso.

Gabriela arregalou os olhos e ficou esperando que a mãe dissesse alguma coisa. Era verdade ou mentira? Mamá continuou:

— Eu acreditava nessa bobagem e, durante muito tempo, passei noites sem dormir. Mãe, é melhor você contar a verdade e usar outro meio para a Gabi te obedecer. Ela pode ficar sem pintar com o estojo novo, ou sem a Hora do Soninho de Ouro, mas fazer medo com o que não existe, por favor, não!

A mãe ficou ali, sem graça, arrependida de ter deixado a Mamá assustada por tanto tempo. Não fazia ideia que isso acontecia. Muito envergonhada, ela pediu desculpas às duas:

— Eu não imaginava que essa brincadeira tivesse te assustado tanto, Mamá. Desculpe! — Deu um beijo na cabeça da filha e um abraço.

— Tudo bem, mãe! — respondeu com um sorriso e correspondendo ao beijo — Sobrevivi a isso. Mas não é uma boa maneira para fazer o filho obedecer. Você pode dizer simplesmente: "Gabi, você pode brincar com seu kit de pintura assim que terminar de comer".

Gabi perguntou à mãe:

— Não existe monstro nem fantasma então?

— Não!

— Sério?

— Sim. Sério.

— Esse tempo inteiro eu tive medo de monstro e de fantasma à toa?

— Aham...

— Por que mentiram para nós esse tempo todo?

Mamá esclareceu:

— Os adultos fazem isso para criar pavor nas crianças que não obedecem. Quando eu não queria comer, a mamãe inventava que o bicho-papão ia me pegar. Ou se eu saísse de perto e fosse mais longe, ela dizia que tinha fantasma para eu ficar com medo e voltar. Então eu acabava obedecendo naquela hora, mas depois fazia de novo. Sabe o meu amigo

Augusto, da faculdade? A mãe dele dizia que, se ele não fosse obediente, ia abandoná-lo num orfanato. Olha isso!! Criança não tem noção do que é fantasia e realidade.

— A minha intenção não era assustar. Era proteger. Eu sinto muito...

— Tudo bem, mãe, a gente te perdoa — disse Gabi com uma voz compreensiva. — Mas e o homem do saco? Ele existe sim, nós já vimos várias vezes!!! Ele anda descalço, a barba branca bem grande, não toma banho e carrega crianças dentro do saco. Fica virando o lixo da escola, do restaurante, nas praças...

Que situação! A mãe se deu conta do que fez e sentiu muito remorso. Transformou um necessitado em alguém por quem se deve sentir medo. Talvez aí estivesse o erro dos adultos. Como transformar os filhos em adultos caridosos e solidários se, quando crianças, os fazem sentir medo de mendigo? Mais uma vez, Mamá explicou:

— Gabi, o que você viu realmente foi um homem carregando um saco. Aquele saco é onde ele guarda tudo o que tem: água, comida, roupa, lençol... É como se a casinha dele fosse aquele saco. Ele não tem onde dormir e passa os dias revirando o lixo atrás de comida. Não é para ter medo. É para oferecer ajuda, NÃO É, MÃE? — falou Mamá, arregalando os olhos para a mãe, esperando a verdade.

— É sim, filha... Por mais que eu me esforce como mãe, posso falhar às vezes, por isso estou reconhecendo que foi um erro e me desculpando. Quando eu era criança, também me faziam medo, e eu aprendi que era assim que as coisas funcionavam.

Dias depois, chegando à escola, Gabi avistou o homem do saco revirando o lixo da escola. Perguntou à mãe se podia se aproximar para dar seu lanche da escola a ele. A mãe fez que sim com a cabeça, e ela abriu a bolsa, tirou o lanche e perguntou:

— O senhor aceita?

Ele apenas esticou a mão para pegar a comida sem falar nada. E saiu. De longe elas observavam-no sentado na calçada, devorando tudo. Era bolo, banana, suco e sanduíche. Até um exagero. Gabi nem comia aquilo tudo.

Normalmente sua mãe a deixava na porta da escola e a acompanhava ir para a sala com o olhar. Dessa vez entrou, foi até a cantina, providenciou um lanche e combinou:

— Que tal colocar na agenda de atividades um dia para distribuir alimentos aos carentes? Você sentiu medo?

— Nenhum, mamãe. Você disse que, na nossa cabeça, tem muitos bichinhos chamados sentimentos. Acho que o medo está dormindo.

Doação de amor

Que tal fazer um gesto de bondade e doar às crianças que precisam de alguma ajuda material roupas que não cabem e brinquedos que não usa mais? Combine com seus amigos e lembre-se de pedir a ajuda de um adulto para separar e distribuir as doações. Você também pode fazer visita a instituições que dão apoio a essas crianças. Será um dia diferente, que despertará muito amor no seu coração. Conte aqui como foi sua experiência de amor ao próximo ou desenhe:

7. O medo do escuro (forças: criatividade, curiosidade, apreciação da beleza)

O brincar é necessário para a vida humana.
São Tomás de Aquino

— Mamá, posso dormir na sua cama?

— Pode. Mas por que você não dorme na sua cama?

— A mamãe não me deixa dormir de luz acesa, e eu tenho medo do escuro.

— Desde quando você tem medo de escuro? Que novidade é essa?

— Tenho medo de algum bicho puxar no meu pé.

— Ô, Gabi, lembra que não existe monstro, bicho, fantasma nem nada e que tudo isso é invenção de adulto? Nós já conversamos a respeito. É só imaginação de crianças criativas como você. Mesmo quando eu era pequena e tinha medo, nunca nenhum fantasma veio me visitar de noite. E eu nunca soube que tenha ido visitar ninguém — disse, fazendo cara de desdém.

Mamá sabia que a noite ia ser longa e que Gabi, sem sono, ia querer conversar e fazer mil perguntas, cheias dos porquês. Então teve uma ideia para que Gabi começasse a ver o quanto o escuro também pode ser divertido. Para isso precisaria de papel, tesoura e uma lanterna. Não disse à Gabi o que aconteceria na Hora do Soninho de Ouro. Providenciou tudo em segredo. Com a tesoura, cortou o papel em formatos de lua, sol, espadas, bonecos, dinossauro, estrelas e muitos outros.

Gabriela entrou no quarto de Mamá toda equipada: coberta, travesseiro, uma pelúcia de um boneco que parece um sushi e Atena, a tiracolo. A cama de Mamá parecia uma trincheira de guerra: tinha um Teletubbie vermelho bem velho e riscado, pois era o desenho da moda na época que ela era criança, um Stitch de pelúcia, do desenho Lilo e Stitch, e um boneco de pano do Bell da banda Chiclete com Banana, que ela era fã, além da coberta e do travesseiro. Como conseguem dormir com tanta tranqueira em cima da cama? Assim que deitaram, Mamá apagou a luz, deixou o quarto totalmente escuro e:

—TCHARAAAAMMM! — acendeu a lanterna apontando para o teto.

Gabriela deu uma gargalhada bem alta.

— Você enganou a mamãe? Nós vamos dormir de lanterna?

— Calma... presta atenção!

Mamá então colocou, em cima da luz da lanterna, um papel cortado em formato de morcego e na parede apareceu o sinal do Batman.

— Que maneiro!!! Posso fazer também?

Gabi nunca ia imaginar que brincar no escuro podia ser tão divertido. A cada acende-apaga, um formato surpresa. Quando acabaram os papéis, resolveram fazer formas com

os dedos das mãos: girafa, coelho, águia e boca de jacaré. De repente a porta do quarto abre:

— Que algazarra é essa??

— Muãe! Muãe! Muãe! Muãe! Muãe! Muãe! — Gabi falou animadíssima imitando voz de robô. — Estamos brincando de fazer sombra, e você atrapalhou, senhora!

— É hora de dormir, senhoras! — ordenou, pegando a lanterna de volta e fechando a porta.

— Boa noite, mãe! – Disseram as duas em coro.

Sem lanterna e sem sono, Gabi sugeriu:

— Vamos brincar de...

Mas foi interrompida por Mamá:

— Vamos brincar de quem dorme primeiro?

Teatro de sombras

Agora é a sua vez de criar sombras no escuro. Prepare a lanterna, corte papéis nos formatos que você quiser e capriche nas sombras. Você também pode fazer um teatro de sombras com a mão.

8. O medo de barulho: trovão ou fogos de artifício (forças: inteligência social, senso crítico, amor pelo aprendizado, *mindfulness*)

Quando tiramos um tempo para perceber as coisas que estão indo bem para nós, isso significa que estamos recebendo pequenos prémios ao longo do dia.
Martin Seligman

— Alô?

— Suzana?

— Sim...

— É tia Elisângela, professora do Otávio. Tudo bem?

— Oiiiii, Eli! Tudo bom? Aconteceu alguma coisa?

— Você não mandou a roupa de matuto dele. Hoje é a festa junina da escola!

— EU ESQUECI!!! E AGORA???

Na velocidade da luz, Suzana começou a repassar na cabeça tudo o que precisava para a festa junina da escola: a roupa, o chapéu, o lápis para pintar os dentes de preto, sapatos e... FOGOS!! Não ia dar tempo de comprar. Mas tia Elisângela disse:

— Não se preocupe que eu o visto. Só preciso que alguém traga a roupa. Os fogos estão sendo vendidos na porta da escola, e nós temos lápis para fazer a caracterização de matuto. Você consegue chegar na hora da apresentação?

— Consigo. Vou pedir ao pai dele para levar a roupa agora.

Chovia bastante, e o barulho de trovão e relâmpago cortava o céu. Sempre cai um pé d'água no mês de junho. Ao chegar à escola encharcada de água da chuva, Suzana viu Otávio devidamente caracterizado: chapéu de palha, calça jeans com quadrado de chita na mesma estampa da camisa, bigodinho e um dente da frente pintado de preto. Se tem alguém que gosta de festa junina é o Otávio. Adora comida de milho, faz questão de dançar quadrilha e soltar fogos. Ele e Maurício compraram chuvinhas e traques. Somente esses tipos de fogos estavam autorizados a usar no pátio da escola. Nada que explodisse. A festa estava muito divertida.

As mães assistiram às apresentações das quadrilhas e depois foram ao pátio, com as crianças, para ver o vulcão. Era a atração principal: havia uma fita delimitando o espaço, todos guardavam uma distância segura do vulcão e ficavam olhando a cascata de fogo brilhante subir o mais alto que pode, até finalmente descer e apagar.

Para uma mãe em especial, esse período era o mais difícil. Nara é mãe de Felipe, o qual tem um transtorno chamado autismo. Felipe não tem tolerância ao barulho, é muito sensível. Por isso a escola colocou o som baixinho e não permitiu fogos que estourassem forte, para evitar gritos ou agressividade. No primeiro dia de aula, a diretora foi até à sala avisar aos alunos que receberiam um colega autista e explicar melhor o que era o transtorno. Felipe se comporta diferente: ou ele gosta muito de uma coisa, ou detesta; fica

repetindo movimentos, chamados estereotipias. No momento do vulcão, ele fazia o gesto de abanar as mãos nos ombros, em sinal de alegria. Os colegas da sala já compreendiam as suas estereotipias. Muitas vezes ele fica parado por um bom tempo, olhando para algum lugar e não quer brincar. Ou quer ficar sozinho. Mas as crianças sempre o convidam para brincar, e ele se diverte do jeito dele.

Gabriela o chamou para brincar num lugar mais tranquilo e sem fogos. Ela também não gosta de barulho porque sua gatinha Atena fica muito agitada quando soltam fogos nos dias de jogo de futebol, ou nas festas juninas. A gata corre para baixo da cama e fica ali escondida tremendo de medo, já fez até xixi no chão. Ficaram por ali perto da cantina sentados no banco apertando os botões de uma sanfona de brinquedo de Felipe que acendia a luz ao apertar e fazia "fom fom".

Apesar de todos na escola respeitarem o volume do som e dos fogos, naquele dia a chuva não dava trégua. Raios e trovões também dançavam forró no firmamento. Fazia um barulho tão grande que não ficou um no pátio. Todo mundo correu para o colo da mãe. Gabi se lembrou de Atena, Isac do Chiclete, Otávio, do seu cachorro chamado Zabumba, e todos quiseram voltar para casa. Felipe e Sarai, que não tinham nenhum animalzinho, só medo de trovão mesmo, também deram a festa por encerrada. E todos foram para suas casas.

Na Hora do Soninho de Ouro, Otávio, já deitado na cama, perguntou à Suzana:

— Mãe, trovão parece que o céu vai cair na Terra, e o relâmpago, que vai ser rasgado por uma nave espacial. Não vou conseguir dormir.

Suzana riu, deu um abraço no filho e um beijo em sua testa.

— Hoje foi um dia muito agitado. Os bichinhos dos sentimentos ainda estão fazendo uma festa na sua cabeça. Vamos colocá-los para dormir também?

Então Suzana propôs a Otávio ficar deitado numa posição confortável e sentir seu corpo: os pés, se estavam geladinhos ou quentinhos, se o coração batia acelerado ou devagar. Otávio fechou os olhos e começou a respirar prestando atenção no movimento da sua barriguinha; subindo e descendo. Em silêncio, sua mãe pediu para que ouvisse os sons da natureza por cinco minutos.

— Seja ele qual for, saiba que é o som normal das coisas da natureza: tem barulho de chuva, de vento, de rio, da onda do mar... Às vezes é tão forte que assusta, às vezes é tranquilo, como o canto dos passarinhos, mas não vai acontecer nada além disso, não precisa se preocupar.

Antes mesmo de terminar o tempo, Otávio já havia dormido. Suzana olhou para a caminha de Zabumba, e até o cãozinho relaxou e caiu no sono.

Desenhando o medo

Assim como Gabriela e seus amigos, você já sabe fazer o seu medo dormir: respirando, imitando o zumbido da abelha, observando a barriga subir e descer enquanto respira. Chegou a hora de desenhar seu medo. Como ele é?

9. Medo do dentista (perspectiva)

Criatividade é inteligência se divertindo.
(Albert Einstein)

Todos os dias, ao acordar pela manhã, Atena arranha a porta de Gabriela pedindo comida. Nem precisa colocar o despertador para levantar. Quando a porta do quarto de Gabriela abre, Atena mia como se pedisse para ser seguida até o armário onde sabe que está sua comida. Ela não para de miar até seu potinho de ração chegar ao chão.

De acordo com a agenda de atividades de Gabriela, hoje é o dia de dentista. Que é a sua própria mãe, aliás. Desde pequenas, ela e a irmã frequentam o consultório e estão habituadas às consultas; tomam todos os cuidados para manter a saúde e a higiene da boca, para não precisar criar um bichinho que destrói os dentes, chamado cárie. Então só vão ao trabalho da mãe para fazer limpeza e verificar se estão cuidando dos dentes direitinho. Nenhuma das duas gosta de ouvir o barulho da broca que é usada para tirar as cáries. Ainda bem que nunca precisaram.

— Muãe! Muãe! Muãe! Muãe! Muãe! Muãe! — chamou roboticamente — Atena nunca foi ao dentista! Ela pode ir conosco?

— Dentista de animal não é o mesmo que dentista de gente. No caso da Atena, devemos levá-la ao veterinário; e nem se preocupe porque está tudo bem com ela. Sempre que nós a levamos ao veterinário, ele verifica.

— Posso pegar meu *kit* de dentista para brincar com ela?

Gabi pegou seus equipamentos de brinquedo e montou sua "clínica" dentária. Colocou Atena deitada na caminha que seria a cadeira do dentista, mas cadê ela ficar quieta?

— Pior paciente do mundo essa gata! — resmungou Gabi.

Gabriela perdeu as contas de quantas vezes a gata correu, e ela teve que buscar pra colocar de volta na "cadeira". A consulta custava MIL REAIS, só porque Atena era amiga dela, imagine! Quando finalmente conseguiu enrolar Atena no lençol e abrir a sua boca, percebeu que não tinha cárie. Então queria dar doce e não escovar o dente da gata até que ela tivesse cárie para ir ao dentista. Foi um sufoco para a mãe convencê-la a não dar nada além de ração:

— Gabriela, onde já se viu querer que a boca da gata fique doente para ir ao dentista? É justamente o contrário: tem que sempre fazer a limpeza e tomar os cuidados preventivos de higiene para, quando for ao veterinário, ele dar parabéns e não usar broca. Além do mais, gato não pode comer doce. Faz mal.

— Ahhhhh... eu queria ganhar mil reais pela consulta...

— Por que você não cobra mais barato para fazer a limpeza e manter a boca da Atena saudável? Além do mais, ela não trabalha. Como vai pagar? Mil reais é muito dinheiro!

— Então você paga por ela.

— Eu???? Ué, se for pra eu pagar essa fortuna, eu mesma examino. Nem eu cobro isso nas minhas consultas; nem o veterinário. Você está cobrando muito caro.

— Os meus amigos da escola pagam.

— Com dinheiro de mentira, Gabi...

A mãe de Gabi é odontopediatra, dentista que só atende criança. Todos os coleguinhas da escola de Gabriela são pacientes dela. Quando Mamá estudava, os amigos também eram. Em seu consultório, as crianças recebem um boneco com uma boca gigante e cheia de dentes com todos os equipamentos para cuidar da boca do boneco: escova de dente, pasta de mentirinha, fio dental. Cada coisa que ela faz na criança, a criança tem que fazer no boneco para ver se aprendeu a cuidar dos dentes direitinho. Então sempre foi muito divertido para todos as visitas ao dentista.

Felipe é o paciente mais frequente, pois não consegue sozinho, em virtude do autismo, colaborar com a adequada limpeza da boca em casa. Ele não tolera o barulho da broca e fica muito agitado. No mais, já está familiarizado com o consultório e, quando chega, já pega o boneco para escovar os dentes. Faz tudo do jeito dele, dá um pouco de trabalho, mas, pela estereotipia de abanar as mãos nos ombros, já ficou claro que ele gosta de ir às consultas. Nara, sua mãe, costuma dizer que ele dá mais trabalho para cortar o cabelo.

No começo, os amigos tinham medo de dentista. Gabriela levou seu *kit* para a escola e lá começou a atender seus "pacientes". Tudo o que a mãe fazia na consulta, ela fazia com os amigos. Levou escondido uns palitinhos com sabor de bala de laranja e de uva, que a mãe usava para examinar sem que precisasse usar as mãos e distribuía depois de cada "atendimento". Desde então, as crianças ficam animadas para as consultas e sempre voltam com algum brinde.

Dentista por um dia

Ajude as pessoas da sua casa a ter um sorriso lindo, eliminando toda a sujeirinha da boca. Use escova, pasta de dentes, fio dental e enxaguante bucal. Crie uma música bem animada sobre a limpeza da boca e escove seus dentes sempre antes de dormir. Tente prestar atenção na forma como você escova, sentindo o sabor da pasta, a textura da escova, sem distração, concentrado na escovação sem pensar em mais nada. Você também pode desenhar a boca de um tubarão, ou dinossauro, com os dentes bem cuidados.

Epílogo

Dez anos se passaram...

Mamá casou e mora na Itália com o marido e o filho, chamado Lui, que tem 3 anos. É véspera de Natal, e todos foram para a ceia na casa de Vó Leninha. É um tempo de muita felicidade, porque alguns parentes moram fora, e o Natal é a oportunidade de se reencontrarem. A família é grande, e as pessoas gostam de falar: todo mundo fala de uma vez, ninguém escuta ninguém. De vez em quando, alguém dá uma gargalhada mais alta, ou se escuta choro de menino. Mas sem dúvida se vê que é uma família feliz e harmoniosa.

Vó Leninha, antes da ceia, reuniu a família e fez questão de falar a respeito do significado da data, passar uma mensagem de amor e esperança e reclamou do fato de terem transformado o Natal numa data comercial, em que as pessoas só se preocupam com o presente. Mas entrou em contradição porque quis fazer uma surpresa para as crianças e contratou Seu Gilmar para Papai Noel. Ele agora já está velhinho, deixou a barba branquinha crescer. Faz uns cinco anos que não é mais o Palhaço Catiripapo. Fazia tempo que ele não via as meninas e recebeu delas um abraço tão apertado que chegou a se emocionar. Mas tinha alguém se espremendo no cantinho da parede, de olhos esbugalhados, assustado com a figura de Seu Gilmar vestido de Papai Noel. Lui, com o dedo indicador na boca, roendo unha, não chegava perto de jeito nenhum, embora a mãe o chamasse com um sorriso no rosto e afirmando que Seu Gilmar era bonzinho e era amigo.

Ele balançava a cabeça devagar indicando que não ia. Até que sua tia Gabriela, com muita sensibilidade, colocou Lui no colo e perguntou:

— Tá com medo do Papai Noel?

— Tim, tia Dabi...

Mamá disse:

— Eu não entendo. Ele fica tão entusiasmado quando vê na televisão. Não entendi por que aqui está com medo.

Gabi lembrou-se das vezes em que a irmã a ajudou a transformar o medo em emoção positiva e mostrou a todos que tinha aprendido a lição direitinho:

— Tudo bem sentir medo, Lui. Não precisa se preocupar, que só vamos nos aproximar se você quiser. Mas esse Noel é muito querido. Sua mãe e a titia o amam muito; ele nos conhece desde pequenas.

Lui ouvia a tia, olhava desconfiado para o Papai Noel, depois voltava o olhar para os pais. Gabi continuou:

— Vamos imitar o boi? MUUUUUUUUUUU!!! Agora é sua vez! Imite o carneiro!

E Lui prontamente:

— MÉÉÉÉÉÉ!!!

— Agora é o Papai Noel! Imita uma abelha!

— ZUUUMMMMM!!!!

Risos, aplausos e, quando se deram conta, Lui estava no Colo do Papai Noel imitando um macaco para receber seu presente de Natal.

Na hora de dormir, Lui choramingou:

— Quelo a mamãe!

Mas Gabi, percebendo que a irmã ainda queria ficar um pouco mais para matar as saudades da família, levou Lui para seu quarto para fazê-lo dormir.

— Lui, sua mãe faz com você a Hora do Soninho de Ouro? Vamos com a titia! Vou te mostrar uma coisa.

Foram para o quarto. Lui escovou os dentes com a ajuda da tia, vestiu pijama, e deitaram. Numa gaveta, Gabi encontrou a lanterna e começaram a fazer teatro de sombras. Em menos de 15 minutos, ele havia caído no sono, e Gabi voltado para a sala.

— Jáááá??? – Perguntou Mamá espantada com a rapidez com que o filho havia dormido.

— Teatro de sombras – respondeu dando uma piscadinha pra irmã.

— Huummm!!! Temos aqui a melhor tia do mundo!

— Aprendi com a melhor irmã do mundo!